Raconte-moi...

Les Sapeurs pompiers

Préface de Michel Sappin
Directeur de la défense et de la sécurité civiles

Texte de Christine Ligonie

7

NANE Éditions
25 rue Murillo – 75008 Paris
Tél. : 01 53 83 95 78 – Fax : 01 53 75 36 80
E-mail : contact@nane-editions.fr
Site Internet : www.nane-editions.fr

Les sapeurs-pompiers sont très populaires auprès de la population. Chacune de leurs sorties ne manque pas de susciter l'admiration des plus jeunes et, auprès des plus grands, une reconnaissance unanime pour leur engagement au service des autres.

En France, ils sont près de 240 000. Personnels civils, ils sont soit professionnels, essentiellement dans les grandes agglomérations, soit volontaires pour 85 % d'entre eux. A Paris et à Marseille, ils sont militaires.

La lutte contre les incendies, qui relève spécifiquement de leur compétence, ne représente plus aujourd'hui que 10 % de l'activité opérationnelle.

« Soldats du feu » à l'origine, les sapeurs-pompiers sont devenus de véritables « généralistes des secours ». Ils interviennent en moyenne une fois toutes les dix secondes, en cas d'accidents, de sinistres ou de catastrophes pour secourir les victimes mais également pour assurer la protection des personnes, des biens et de l'environnement.

Chaque année, la journée nationale des sapeurs-pompiers est l'occasion pour la nation de rendre hommage à ces hommes et ces femmes qui, parfois au prix de leur vie, accomplissent leurs missions avec courage et dévouement.

Dès l'âge de dix ans, les jeunes qui ressentent une vocation à porter secours peuvent s'engager comme Jeunes Sapeurs-Pompiers avant de rejoindre, à dix-huit ans, les sapeurs-pompiers. Pour eux, comme pour les plus grands, cet ouvrage, riche en explications et en illustrations, donnera une première vision du monde sapeurs-pompiers.

Michel Sappin

Directeur de la défense et de la sécurité civiles

Un peu d'histoire...

Veilleurs de nuit et vigiles

Les Hébreux et les Grecs organisèrent les premiers des rondes de veilleurs de nuit chargés de donner l'alarme et de combattre le feu. A Rome, des vigiles avaient pour mission de combattre le feu et d'assurer la police. Ces patrouilles de vigiles étaient équipées de seaux, d'échelles et de « siphones » (grandes seringues). L'alimentation en eau était assurée par les aqueducs et les fontaines.

Les premiers seaux étaient en bois, certains en osier tressé enduits de goudron.

Le service du feu au Moyen Âge

Sous le règne de Saint Louis, en 1254, le service du feu était assuré par divers corps de métiers (maçons, charpentiers, hommes du bâtiment...). Le tocsin alertait les habitants désignés qui devaient combattre l'incendie et faire la part du feu, c'est-à-dire protéger les habitations et les isoler du feu.

Sais-tu que...

Sainte Barbe est la patronne des sapeurs-pompiers, des artilleurs et des démineurs. Elle est fêtée le 4 décembre.

Sous le règne de Charlemagne, des corps de veilleurs de nuit furent créés, mais ils disparurent avec lui. Plus tard, le service du feu fut assuré par les moines et les religieux de divers ordres.

Équipe de charpentiers et « sanguettes »

C'est vers 1600 que des seaux en cuir furent confectionnés. Enfilés sur des bâtons, ils étaient facilement transportables.

Au XVIe siècle, la lutte contre les incendies était confiée à certaines corporations du bâtiment. Les maîtres charpentiers devaient toujours avoir une équipe prête à partir. Pour attaquer les incendies, ils disposaient d'immenses seringue, les « sanguettes ». Au XVIIe siècle, les sanguettes furent remplacées par des petites pompes.

La pompe hollandaise et le corps des gardes-pompes

En 1699, François Dumouriez du Périer, sociétaire à la Comédie-Française, introduisit en France la pompe à incendie, après l'avoir vue fonctionner en Hollande. Il obtint l'exclusivité pour sa construction et son exploitation. L'utilisation de ce nouveau matériel nécessita alors la création d'un personnel spécialisé.

En 1716, naquit le corps des gardes-pompes, véritable service public permanent et gratuit, constitué d'hommes entraînés et encadrés.

Garde-pompe avec perche à crocs.

Pompe à incendie, XVIIe siècle.

Des gardes-pompes aux sapeurs-pompiers

Au cours des siècles, le nom de ceux qui assuraient le service du feu a évolué. Pompier dérive de pompe comme serrurier de serrure, c'est à l'origine un constructeur de pompe.

Garde-pompe, début XVIIIe siècle.

** les mots suivis d'un astérisque (*) sont expliqués dans le lexique page 31.*

Le corps des sapeurs-pompiers

Ces corps de gardes-pompiers évoluent donc, selon les changements de régimes et de règlements, en corps de sapeurs-pompiers. Le premier texte national relatif à l'organisation et au service des corps paraît en 1875. La première pompe à vapeur hippomobile apparaît à cette époque ainsi que l'utilisation du réseau télégraphique par les services d'incendie. Ce n'est qu'à la fin du siècle que des lignes téléphoniques apparaîtront entre les théâtres et les postes de secours. C'est en 1900 que la première auto-pompe est mise en service à Paris et à Nancy.

C'est en 1802, que le mot pompier apparaît officiellement pour la première fois. Il est gravé sur les nouveaux boutons de l'uniforme des gardes-pompes de Paris. On peut en effet lire : gardes-pompes de Paris.

Bouton de cuivre, 1770.

Pompe à bras, second Empire.

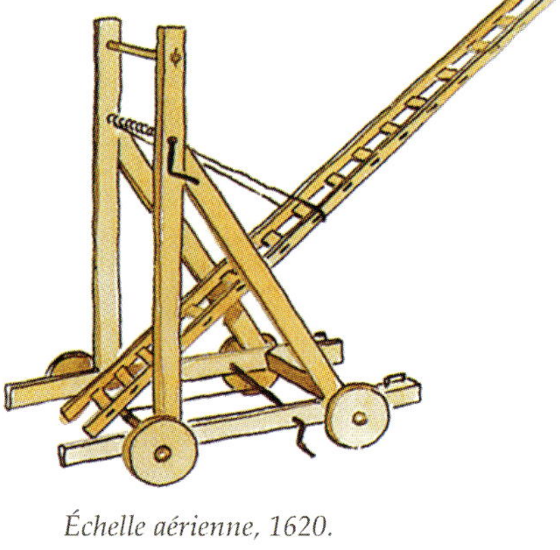

Échelle aérienne, 1620.

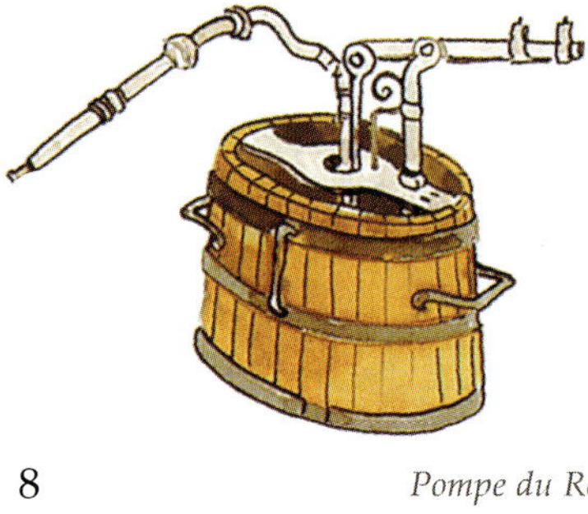

Pompe du Roy, 1741.

Seringue à manivelle, 1758.

Pompe à bras, 1878.

Sapeur vient de «sape». Un sapeur est un soldat du corps du génie de l'armée de terre qui utilise la sape, une pioche à large bord lui permettant d'effectuer des travaux de sape, c'est-à-dire creuser, construire ***des tranchées.***

Au fur et à mesure que le progrès technique a fait évoluer la société, les risques se sont multipliés. C'est durant le XXe siècle que le matériel et les équipements de lutte contre l'incendie ont le plus évolué.

Sais-tu que...

En 1932, le numéro 18 est attribué par les PTT pour l'appel des sapeurs-pompiers.

L'organisation des services d'incendie et de secours

Les personnels des centres de secours sont des civils (volontaires et professionnels) sauf à Paris et à Marseille, où ce sont des militaires.

En France, les sapeurs-pompiers et les moyens de secours sont organisés dans une entité départementale unique : le Service Départemental d'Incendie et de Secours (SDIS).

Le SDIS est, depuis la loi de 1996, le seul service compétent pour recruter et gérer les sapeurs-pompiers, acquérir les équipements nécessaires aux missions de secours et de prévention, et organiser les secours.

■ *Au niveau de la commune, le centre de secours*

Sais-tu que...

Une garde est assurée à tour de rôle par les pompiers. Elle s'occupe de la réception des appels de secours.

Le maire est responsable de la sécurité des habitants de sa commune. Chaque commune est protégée par un centre de secours ou plusieurs selon sa superficie et son nombre d'habitants. Le centre de secours est ce que nous avons l'habitude d'appeler la caserne* des pompiers. Le personnel de ces centres est composé de sapeurs-pompiers volontaires ou professionnels.

A l'échelle du département, le SDIS

Le service d'incendie et de secours analyse les risques et prévoit les moyens de secours pour y faire face. Son centre opérationnel, le CODIS*, veille 24 heures sur 24 et coordonne les différentes interventions. Le préfet assure la direction des secours dès qu'une intervention dépasse les capacités de la commune. Le directeur du SDIS est son conseiller technique. C'est un officier supérieur de sapeurs-pompiers.

Au plan national, la sécurité civile

Les sapeurs-pompiers sont placés sous la tutelle du ministère de l'Intérieur. Au sein de ce ministère, c'est la Direction de la défense et de la sécurité civiles qui exerce cette responsabilité. Elle est chargée aussi de prévenir les risques naturels et technologiques et d'organiser les secours en cas de sinistre important. Pour renforcer l'action des sapeurs-pompiers locaux, la sécurité civile peut faire intervenir des équipes de secours spécialisées, des avions, des hélicoptères, des démineurs et des matériels d'assistance aux populations sinistrées.

Être sapeur-pompier

Il y a quelques années les sapeurs-pompiers volontaires étaient prévenus par le déclenchement de la sirène. Aujourd'hui, ils sont appelés à l'aide de leur bip.

La France compte 240 000 sapeurs-pompiers répartis dans 10 240 centres de secours.

Dans les villes moyennes et dans les grandes villes, les sapeurs-pompiers sont souvent des professionnels. A Paris et à Marseille, pour des raisons historiques, ils sont militaires.

■ *Les sapeurs-pompiers volontaires*

Les volontaires sont des hommes et des femmes qui s'engagent pour assurer la lutte contre les incendies ou les accidents. Ils accomplissent cette mission en plus de leur métier. Qu'ils soient artisans, enseignants, commerçants, cultivateurs ou de professions libérales, ils sont pompiers par citoyenneté et par solidarité.

Sais-tu que...

C'est huit fois sur dix un sapeur-pompier volontaire qui assure la mission de secours.

Dans les petites communes, les volontaires de permanence, doivent rejoindre la caserne pour partir en intervention dès qu'ils sont prévenus. Ils assurent aussi des gardes en soirée ou le week-end.

La loi reconnaît le rôle premier qu'ils jouent dans la protection des populations et garantit leur disponibilité vis-à-vis de leurs employeurs.

Les sapeurs-pompiers professionnels

Les professionnels sont des fonctionnaires relevant du service départemental d'incendie et de secours. Beaucoup d'entre eux logent au centre de secours avec leur famille aussi bien pendant les périodes de garde que de repos. Dans les villes qui emploient des sapeurs-pompiers professionnels, les volontaires viennent renforcer la garde.

Les sapeurs-pompiers militaires

Basés à Paris et à Marseille, les sapeurs-pompiers militaires appartiennent à deux formations nées de brûlants faits divers. En 1810, après un tragique incendie à l'ambassade d'Autriche de Paris, Napoléon Ier militarise le corps des gardes-pompes et crée ainsi le bataillon des sapeurs-pompiers de Paris. Cette unité sera transformée en brigade le 1er mars 1967.

A Marseille, en octobre 1938, un grave incendie détruit entièrement les Nouvelles Galeries. Le gouvernement décide de créer le bataillon de marins-pompiers de Marseille (décret du 29 juillet 1939) pour protéger plus efficacement le grand port et la ville.

Marins et soldats du feu

Ces deux unités dépendent de l'armée pour toutes les questions de commandement et de recrutement. Celle de Paris, rattachée à l'armée de terre, est sous la responsabilité du préfet de police ; celle de Marseille est aux ordres du maire de la ville.

La brigade de Paris protège les habitants de la capitale et de sa proche banlieue. Elle comprend plus de 6840 hommes répartis en 78 centres de secours.

Sais-tu que…

Les deux devises des pompiers sont « Sauver ou Périr » et « Courage et Dévouement ».

Le bataillon de Marseille, fort de ses 1500 hommes, assure la sécurité de la ville, de son port, de l'aéroport de Marseille-Provence et protège la zone industrielle et portuaire de Fos-sur-Mer.

Les marins-pompiers participent aussi, comme leurs collègues des Bouches-du-Rhône, aux sauvetages en mer, en montagne et aux luttes contre les pollutions maritimes.

Les grades

Les sapeurs-pompiers ont des grades et portent des galons comme les militaires. Les grades vont de sapeur à colonel. A Paris, le commandant des pompiers est un général de brigade.

Les uniformes des sapeurs-pompiers civils ont des boutons argentés et des galons blancs pour les sergents et officiers. Les boutons et les galons des sapeurs-pompiers de Paris sont jaunes.

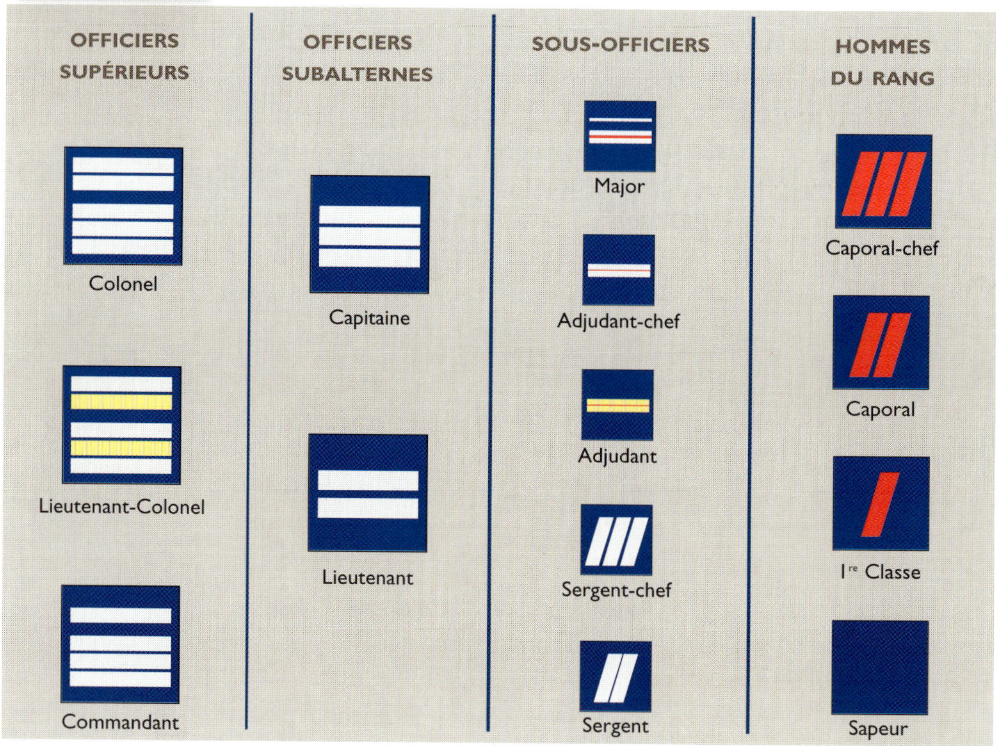

Leur recrutement

Le sapeur-pompier volontaire est recruté à sa demande. Il faut avoir au moins 18 ans, être sportif et surtout disponible. Il signe un engagement qui peut être renouvelé tous les 5 ans.

Depuis la suppression du service national, le volontariat civil permet aux jeunes gens – garçons et filles, entre 18 et 28 ans – de découvrir et d'exercer le métier de sapeur-pompier pendant une période de 6 à 24 mois au cours de laquelle ils peuvent bénéficier d'une formation aux concours professionnels.

Le professionnel doit être sportif et âgé au moins de 17 ans. Il est admis après avoir réussi un concours qui comprend des épreuves théoriques et sportives. Tous les grades sont accessibles par concours interne.

Il faut s'adresser au Centre d'information et de recrutement de l'Armée de Terre de son département de résidence.

Leur formation

Volontaires et professionnels bénéficient d'une formation initiale. Cette instruction comprend l'apprentissage des techniques d'extinction des feux et de sauvetage, l'étude du fonctionnement du corps humain, des exercices pratiques. Elle est complétée par une formation de secourisme. Les sapeurs-pompiers suivent également des formations spécialisées : sauvetage en milieu périlleux, lutte anti-pollution, plongée, feux de forêts, radioactivité…

Tous les officiers civils sont formés à l'École nationale supérieure des officiers de sapeurs-pompiers située à *Nainville-les-Roches* (Essonne) et dans les écoles régionales pour les stages pratiques.

Avant seize ans, il existe des sections de cadets de sapeurs-pompiers. On peut y apprendre les rudiments du métier de pompier et le secourisme. Pour cela, il faut s'adresser à la caserne de pompiers la plus proche.

École nationale supérieure des officiers de sapeurs-pompiers (ENSOSP).

A l'écoute 24 heures sur 24

■ *Toutes les 10 secondes*

Les sapeurs-pompiers interviennent plus de 8000 fois par jour, au rythme d'une action de secours toutes les 10 secondes. En composant le ✆18 (ou ✆112 à partir d'un téléphone mobile), l'alerte est aussitôt transmise au centre de secours le plus proche. Dans le même temps les informations du terrain sont transmises au CODIS, centre opérationnel fonctionnant 24h/24. C'est lui qui alerte d'éventuels renforts et coordonne les opérations de secours dans le département.

Sais-tu que...

Dans les villes, les pompiers doivent mettre moins de 10 minutes pour atteindre les lieux des sinistres les plus éloignés du territoire confié à leur garde.

Sais-tu que...

La perche date des années 1870. A l'origine en bois, puis en cuivre, elle permettait de se rendre rapidement à la remise des véhicules sans emprunter les escaliers. Cependant, à cause des accidents, elle a été abandonnée.

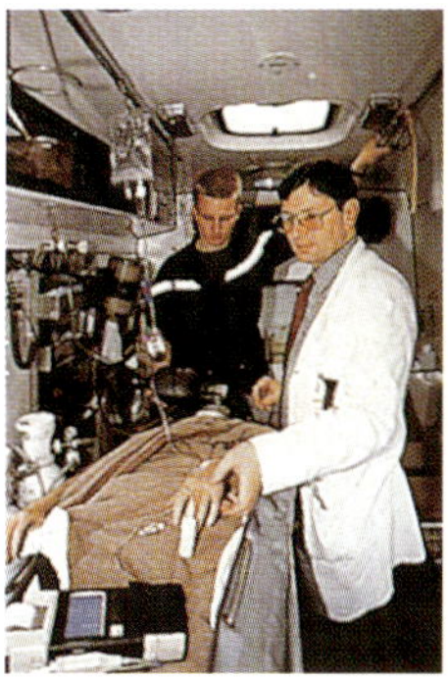

A Paris, la brigade est intervenue près de 430 800 fois en 2000, soit une moyenne de 1180 sorties par jour.

Les interventions

Sais-tu que...

Selon un vieil adage « pour stopper un incendie, il faut un verre d'eau la première seconde, un seau la première minute et... une tonne d'eau au-delà de 10 minutes ».

Des hommes de tous les dangers

Pendant longtemps la lutte contre le feu fut la seule mission des sapeurs-pompiers, l'incendie étant le risque majeur. L'évolution de notre société s'accélérant, leurs missions se diversifient : elles intègrent par exemple maintenant une lutte contre les pollutions accidentelles et contre les risques chimiques ou radiologiques et surtout elles couvrent toute la gamme du secours aux personnes.

La lutte contre les incendies

Elle représente seulement 10 % de toutes les interventions mais nécessite toujours l'engagement de moyens considérables. Les incendies d'habitation sont les plus nombreux ; ils provoquent 60 % des décès annuels par le feu.

Quand on est témoin d'un début d'incendie, il faut : téléphoner au 18, donner l'adresse précise du feu (commune, rue, étage...), indiquer si des personnes sont restées à l'intérieur ou sont blessées, ne pas raccrocher avant que le sapeur-pompier ait bien répété l'adresse.

Les incendies industriels sont à l'origine de catastrophes spectaculaires et de pertes économiques importantes. Ils peuvent entraîner de graves pollutions de l'environnement.

Chaque année des hectares de forêt sont brûlés. Dans les incendies de forêt, un simple feu de broussailles peut prendre très rapidement des dimensions gigantesques lorsque les effets du vent, de la chaleur et de la sécheresse se conjuguent. Pour lutter contre ces feux, il faut alors mobiliser des avions et des hélicoptères bombardiers d'eau, des centaines de véhicules et déployer plusieurs milliers d'hommes.

Sais-tu que...

La moitié des incendies de forêt est due à une simple imprudence ou à une négligence. Certains incendies sont allumés par des pyromanes (du grec pyros qui veut dire feu). Le pyromane est une personne déséquilibrée qui a le goût d'allumer des feux.

Le secours aux victimes

Sur l'ensemble du territoire, on compte 3 millions d'interventions par an, soit une toutes les dix secondes.

Ces secours représentent 60 % des opérations. Il s'agit des accidents dont peuvent être victimes les particuliers : accidents domestiques (chutes, brûlures, intoxications, électrocutions, destructions de nid de guêpes) ; malaise sur la voie publique ou dans un lieu public (école, centre commercial, stade...).

Le secours routier

Les interventions pour accidents de la circulation représentent 15 % des sorties de secours des sapeurs-pompiers. Souvent la carrosserie des véhicules est déformée, il est alors impossible de dégager les victimes coincées dans les tôles.

Sais-tu que...

Huit victimes d'accidents de la route sur dix sont secourues par les sapeurs-pompiers.

Il faut utiliser un matériel puissant et user de méthodes rapides de sauvetage. Cette technique porte le nom de désincarcération*. Elle s'accompagne toujours de la présence médicale aux côtés des sauveteurs.

■ *Les sorties sans intervention*

Il peut aussi s'agir de fausses alertes qui sont des plaisanteries de très mauvais goût. Elles occasionnent des déplacements qui peuvent retarder les secours pour de véritables urgences et coûtent cher à la collectivité. Le coupable, souvent identifié, encourt une condamnation pénale et doit rembourser tous les frais et les dommages occasionnés.

Les sauveteurs de la sécurité civile fouillent les décombres de l'immeuble à la recherche d'éventuels survivants.

■ *Les interventions internationales*

Depuis toujours, les sauveteurs de la sécurité civile interviennent lors des grandes catastrophes internationales. Les détachements d'intervention aéromobile sont composés de sapeurs-pompiers et de personnels des unités militaires de la sécurité civile.

■ *La brigade canine*

Dans le cadre des missions nationales et internationales, 60 chiens et leurs maîtres se tiennent prêts 24 h sur 24 en cas d'urgence. Ces équipes cynophiles* sont chargées des recherches lors de tremblements de terre, avalanches, coulées de boue ou effondrements d'immeubles.

Sais-tu que...

Lorsqu'on appelle le 18, même si l'on est sur liste rouge, le numéro de téléphone est identifié. De cette façon, les pompiers disposent du nom et de l'adresse de la personne à secourir ou peuvent démasquer un «mauvais plaisant».

Mieux vaut prévenir...

La fermeture des portes coupe-feux est automatiquement commandée en cas d'incendie. Les dispositifs d'évacuation de fumée fonctionnent également automatiquement en cas d'incendie.

La prévention des risques d'incendie et de panique est la deuxième mission (la première étant de porter secours) des sapeurs-pompiers. S'appuyant sur une réglementation établie par la Direction de la défense et de la sécurité civiles du ministère de l'Intérieur, les sapeurs-pompiers participent à toutes les commissions de sécurité au titre d'experts.

Lors de la construction d'un bâtiment public (école, centre commercial, cinéma...) ou lors d'une implantation d'industrie, les sapeurs-pompiers vérifient que les normes de sécurité sont respectées.

Sais-tu que...

Quand un pompier veut pénétrer dans une pièce en feu, il s'accroupit car les gaz chauds sont en haut.

■ *Des plans pour faire face à l'urgence*

Lorsqu'un sinistre s'étend sur plusieurs communes, le préfet du département coordonne les secours. Il peut déclencher le plan ORSEC (ORganisation des SECours). Le plan ORSEC recense les moyens publics et privés susceptibles d'être mis en œuvre en cas de catastrophe et définit, à l'avance, les conditions d'emploi des moyens de secours et le rôle de chaque service.

Les modalités de mise en place de l'organisation ORSEC sont également précisées (schéma d'alerte, montée en puissance du dispositif, décision de déclenchement du plan par arrêté préfectoral, levée du dispositif...). Enfin, le déclenchement du plan ORSEC a pour conséquences un processus spécifique de financement des opérations de secours.

Une catastrophe génère souvent de nombreuses victimes. Il faut leur apporter des soins d'urgence et du réconfort, organiser leur accueil dans des hôpitaux parfois très éloignés du lieu du sinistre. C'est le plan rouge qui permet cette mise en œuvre rapide d'une véritable chaîne des secours médicaux. C'est un peu comme si l'on déplaçait l'hôpital vers le blessé, et non l'inverse.

Les équipements

Sais-tu que...

Le casque des sapeurs-pompiers français a été retenu par beaucoup de leurs collègues du monde entier.

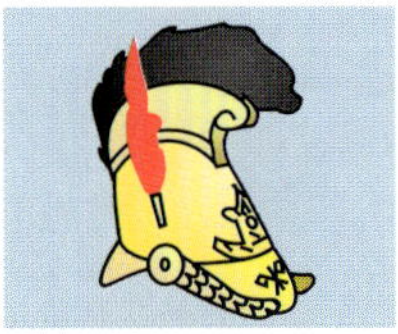

1811

1920

1940

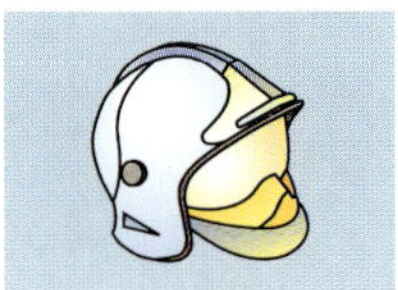

1985

Les tenues

C'est Louis XV, en 1765, qui décide de doter les gardes-pompes d'un casque de cuivre. Les sapeurs-pompiers portent aujourd'hui un casque argenté à double visière en résine de synthèse qui a la particularité de durcir à la chaleur. Sous ce casque, les pompiers portent une cagoule de feu.

La grande veste, autrefois en cuir noir dit cuir de feu, est dans un textile spécial très résistant à la chaleur. Avec une bande transversale réfléchissante, elle est fermée par un ceinturon de feu auquel pendent des gants de travail en peau et une clé tricoise*. Le pantalon est bleu marine à passepoil* rouge . Il se porte sur une paire de bottes.

Lors d'un incendie de forêt, ou pour les recherches de personnes ensevelies après une explosion ou un tremblement de terre, les sapeurs-pompiers portent un autre casque plus léger, rouge ou blanc à bandes réfléchissantes et muni d'une paire de lunettes amovibles.

Pour pouvoir lutter contre le feu et se protéger des fumées, les pompiers portent des vêtements de protection et un appareil respiratoire isolant qui leur permet d'intervenir, sans danger, 30 minutes dans la fumée.

Lors d'un incendie industriel ou d'un accident chimique, les pompiers portent une tenue de protection chimique étanche aux gaz toxiques.

Les véhicules de secours

Sais-tu que...

Les premières pompes à vapeur étaient à roues et tirées par des chevaux.

Tous les véhicules sont stationnés dans les remises* de chaque centre de secours.

L'ambulance des sapeurs-pompiers est appelée VSAB* (véhicule de secours aux asphyxiés et blessés)*. Elle est équipée du matériel médical pour les premiers soins d'urgence (masque à oxygène, électrocardiogramme...). A son bord prennent place, un conducteur, un chef d'agrès*, et deux équipiers.

Premier secours PS

Secours routier VSR

Le véhicule de secours routier (VSR)* contient du matériel de désincarcération, d'extinction et de balisage. Il est engagé pour tout accident grave de la circulation.

Les véhicules d'incendie

En ville comme à la campagne, le fourgon-pompe-tonne (FPT)* est l'engin de base de lutte contre l'incendie. Son équipage est de six hommes (conducteur, chef d'agrès, quatre équipiers). Il contient plus de 3 000 litres d'eau et les deux dévidoirs, accrochés à l'arrière de l'engin, peuvent chacun dérouler 200 mètres de tuyaux. La pompe permet de débiter 1 000 litres d'eau à la minute.

Le camion-citerne pour feux de forêt (CCF) est un véhicule tout terrain. Son équipage est constitué de quatre hommes (conducteur, chef d'agrès et deux équipiers).

Un véhicule, comportant une réserve d'émulseur* qui produit de la mousse, est utilisé en cas de feux d'hydrocarbures dans les complexes pétrochimiques et les aéroports.

Seules les voitures de pompiers et celles de la police ont un gyrophare bleu. Les ambulances civiles ont des clignotants. Le gyrophare annonce les voitures ayant un droit spécial de circulation. Quand les pompiers vont vers le feu ou l'accident, ils mettent leur avertisseur spécial, le fameux pin-pon (sur les notes* la-si*).*

Fourgon pompe tonne FPT

PC mobile

Sais-tu que...

Pour éteindre les feux d'hydrocarbures (pétrole et huile), il faut utiliser de la mousse qui crée un film isolant le feu de l'oxygène.

Les échelles aériennes

C'est au milieu du XIXe siècle que l'échelle à crochet est largement utilisée pour les sauvetages. Elle est suspendue au moyen de gros crochets d'étage en étage aux rebords des fenêtres ou aux balcons.

Il existe différentes échelles aériennes. Les petites, accrochées au toit du fourgon-pompe-tonne, servent à pénétrer dans un bâtiment quand on ne peut plus le faire par les entrées habituelles.

Les échelles pivotantes automatiques* (ou semi-automatiques) se déploient jusqu'à 30 mètres de haut et sont manœuvrées à l'aide d'un moteur. Les plus grandes atteignent 60 mètres. Ces grandes échelles permettent des sauvetages par l'extérieur et des attaques du feu à bonne hauteur. Une nacelle à leur extrémité facilite le sauvetage des victimes.

Il existe aussi des bras élévateurs automatiques qui permettent de contourner les obstacles aériens et d'attaquer le feu avec des moyens hydrauliques puissants.

Les bateaux-pompes

Certains ports sont équipés de bateaux-pompes, qui servent à combattre les incendies dans les bateaux et dans les entrepôts. Ils sont munis de lance-canon mousse et de matériel anti-pollution : pompes, citernes, barrages flottants et produits dispersants.

Les moyens aériens

Pour lutter contre les incendies de forêt, la sécurité civile dispose d'une flotte aérienne basée à Marignane (Bouches-du-Rhône).

Les 86 pompiers du ciel de la base pilotent 25 avions bombardiers d'eau (11 Canadair*, 12 Tracker, 2 Fokker* 27) et 2 avions de reconnaissance. Ces avions renforcent l'action des sapeurs-pompiers.

Les Canadair peuvent se ravitailler sur une nappe d'eau. En 14 secondes, ils écopent 6 100 litres. Le largage de l'eau se fait à la lisière de l'incendie, et si possible dans le sens contraire du vent, pour casser les flammes et empêcher leur propagation.

Sais-tu que...

Quand un bateau est en feu, il faut mettre en route un système d'épuisement pour éviter de le faire couler à force de le remplir d'eau.

Canadair au largage

Canadair à l'écopage

Les autres bombardiers d'eau vont se ravitailler au sol dans les « pélicandromes ». En effet, les pompiers du ciel appellent ces engins « pélicans » à cause de leur ressemblance avec cet oiseau.

Le retardant est une poudre que l'on mélange avec l'eau au moment du remplissage. Comme son nom l'indique elle retarde l'inflammation des végétaux en les recouvrant d'une couche protectrice. Sa couleur rouge permet aux pilotes de repérer les zones déjà traitées.

Tracker larguant du retardant

Les 33 hélicoptères, qui sont répartis sur 20 bases pour toute la France, servent à l'évacuation d'urgence des blessés. Ils peuvent aussi assurer le commandement des opérations de secours. Chaque année, plus de 8 000 personnes sont secourues par ces équipages.

Lexique (*)

Agres : engin utilisé pour une intervention.

Canadair : avion amphibie, capacité 6100 litres.

Caserne : lieu de travail et logement des sapeurs-pompiers.

Clé tricoise : cette clé permet de serrer les raccords des tuyaux et des lances.

Codis : Centre Opérationnel Départemental d'Incendie et de Secours.

Cynophile : qui emploie des chiens dressés.

Désincarcération : extraire un blessé d'une carcasse d'un véhicule accidenté.

Émulseur : additif mélangé à l'eau et à l'air. La mousse permet d'étouffer le feu. On l'emploie pour les feux d'hydrocarbure.

EPA : échelle pivotante automatique.

Fokker : avion ayant une capacité de largage de 6500 litres.

FPT : fourgon-pompe-tonne.

Gyrophare : phare tournant.

Passepoil : liseré pris dans la couture du pantalon.

Remise : garage pour véhicule.

VSAB : véhicule de secours aux asphyxiés et aux blessés.

VSR : véhicule de secours routier.

Adresses utiles

Ministère de l'Intérieur
Direction de la Défense et de la Sécurité civiles
Sous-direction des sapeurs-pompiers

87-95 Quai du Docteur Dervaux
92600 Asnières sur Seine
Tél. : 01 56 04 74 50
Site Internet : www.interieur.gouv.fr

Fédération nationale
des sapeurs-pompiers français

32, rue Bréguet – 75011 Paris
Tél. : 01 49 23 18 18
Site Internet : www.pompiersdefrance.org

Brigade de sapeurs-pompier de Paris /
Bureau Informations et Relations publiques

Renseignements – BP 31
Tél. 01 47 54 68 22 – Fax : 01 47 54 68 23
1, place Jules-Renard
75823 Paris CEDEX 17
Site Internet : www.pompiersparis.fr

Bataillon de Marins-Pompiers de Marseille

9, boulevard de Strasbourg BP 207
13303 Marseille CEDEX 3
Tél. : 04 91 55 91 70

Table des matières

Dans la même collection : « Raconte-moi… Explique-moi… »

LA MAIRIE, LA RÉPUBLIQUE, LA POSTE, L'ÉGLISE, LA GENDARMERIE, LA POLICE, LES SAPEURS-POMPIERS, LE CITOYEN, LE PRÉSIDENT DE LA RÉPUBLIQUE, LA TÉLÉVISION, LE PRÉFET, LES NATIONS UNIES, LE CONSERVATOIRE DU LITTORAL, LE SÉNAT, L'ASSEMBLÉE NATIONALE, L'AMBASSADEUR ET LE CONSUL, LA GARDE RÉPUBLICAINE, LES STUPS, LE PARLEMENT EUROPÉEN, LE TRAIN, LES AVIONS DE COMBAT FRANÇAIS, L'EAU, LA DÉFENSE CITOYENNE, LE CONSEIL GÉNÉRAL, L'INSTITUT DE FRANCE, LA CHASSE, LA PÊCHE, L'EURO, L'HÔTEL NATIONAL DES INVALIDES, L'ORDRE DE MALTE, LE MÉDIATEUR DE LA RÉPUBLIQUE, L'ISLAM, AMNESTY INTERNATIONAL, LE TROTTEUR FRANÇAIS, LE GIGN, LA PRÉFECTURE DE POLICE, LES SOUS-MARINS, L'UNESCO, LA CROIX-ROUGE, LE CONSEIL CONSTITUTIONNEL, LE PATRIMOINE MONDIAL, L'ESCADRON MOTOCYCLISTE, LE SAUVETAGE EN MER, LA LÉGION D'HONNEUR, LA DÉPORTATION, LES OCÉANS, L'AGENCE SPATIALE EUROPÉENNE, LES RÉSERVES DE BIOSPHÈRE, LA JUSTICE, L'OTAN, LES OGM, LE MÉTIER DE SOLDAT, LA CONSTITUTION EUROPÉENNE.

■

L'éditeur tient à remercier pour leur précieuse collaboration à cet ouvrage :

LE CABINET DU MINISTRE DE L'INTERIEUR,
LE SERVICE DE L'INFORMATION ET DES RELATIONS PUBLIQUES (SIRP)
LA DIRECTION DE LA DEFENSE ET DE LA SECURITE CIVILES (92)

Liberté • Égalité • Fraternité
RÉPUBLIQUE FRANÇAISE
MINISTERE DE L'INTERIEUR

■

5e édition – Imprimé en France par Kapp Lahure Jombart,
Évreux - avril 2005 pour le compte de Nouvelle Arche de Noé Éditions©

Photogravure : Joffrin, Paris
Mise à jour : Vanessa Thiel
Illustrations : Christiane Paris

Dépôt légal : 04/2005
Loi n° 49-956 du 16.7.1949 sur les publications destinées à la jeunesse.
 ISBN 2-84368-010-7